Anonymus

Instruktion für den Betrieb der Gymnastik bei den Truppen zu Pferde

Anonymus

Instruktion für den Betrieb der Gymnastik bei den Truppen zu Pferde

ISBN/EAN: 9783743321199

Hergestellt in Europa, USA, Kanada, Australien, Japan

Cover: Foto ©ninafisch / pixelio.de

Manufactured and distributed by brebook publishing software (www.brebook.com)

Anonymus

Instruktion für den Betrieb der Gymnastik bei den Truppen zu Pferde

Instruktion

für

den Betrieb der Gymnastik

bei

den Truppen zu Pferde.

(Mit 44 in den Text gedruckten Figuren in Holzschnitt.)

Berlin, 1869.

Verlag der Königlichen Geheimen Ober-Hofbuchdruckerei
(R. v. Decker).

Inhalts-Verzeichniß.

Erster Abschnitt.

		Seite
§. 1.	Betrieb der Gymnastik im Allgemeinen	5
§. 2.	Anordnung des Unterrichts	6
§. 3.	Eintheilung der Uebungen	8
§. 4.	Klasseneintheilung	9

Zweiter Abschnitt.
Uebungen der Gymnastik.

I. Freiübungen.

§. 5.	Fuß- und Beinbewegungen	10
§. 6.	Rumpfbewegungen	14
§. 7.	Arm- und Handbewegungen	16
§. 8.	Kopfbewegungen	18

II. Rüstübungen.

A. Uebungen am Balancirbaum.

§. 9.	Hinaufspringen auf den Baum und Balancirstand auf demselben	19
§. 10.	Uebungen im Balancirstand	20
§. 11.	Gangübungen	20

B. Uebungen am Querbaum.

§. 12.	Uebungen im Hang	21
§. 13.	Uebungen im Stütz und Sitz	24
§. 14.	Auf- und Abschwünge	29
§. 15.	Ueberschwünge	30

C. Uebungen am Schnursprunggestell.

§. 16.	Schlußsprung, Freisprung	32

D. Uebungen am Sprungkasten.

§. 17.	Uebungen bei Querstand des Kastens	33
§. 18.	Uebungen bei Längsstand des Kastens	35

E. **Voltigirübungen.**

§. 19. Uebungen am Voltigirbock bei Querstand............ 37
§. 20. Uebungen am Voltigirbock bei Längsstand........... 40
§. 21. Uebungen am lebenden Pferde 43

Anhang.

Beschreibung der Gerüste und Geräthe.

1. Balancirbaum................................... 45
2. Querbaum...................................... 46
3. Schnursprunggestell............................ 46
4. Sprungkasten.................................. 47
5. Voltigirbock.................................. 47

Instruktion
für
den Betrieb der Gymnastik
bei
den Truppen zu Pferde.

Erster Abschnitt.

§. 1.
Betrieb der Gymnastik im Allgemeinen.

Die Gymnastik hat zunächst die Aufgabe, mittels planmäßiger Durchbildung des Körpers die Kraft und Gewandtheit des Soldaten, unter Berücksichtigung der seinem Berufe eigenthümlichen Anforderungen, stetig zu entwickeln. In weiterer Folge soll sie ihm bei Erlernung und Ausübung seiner **praktischen Dienstverrichtungen** Vorschub leisten, seine militairische Ausbildung fördern, sowie als Endziel, im Verein mit den rein militairischen Uebungen, das moralische Element im Soldaten durch die Zuversicht auf seine Leistungsfähigkeit beleben.

Die Gymnastik ist fortan als ein **obligatorischer** Dienstzweig mit sämmtlichen Leuten je nach ihrer Individualität und Körperkonstitution zu betreiben.

Ein günstiger Erfolg der gymnastischen Uebungen kann allein bei richtigem Betriebe derselben erwartet werden. Das unerläßlichste Erforderniß dazu ist
  ein sachverständiges Lehrerpersonal.

Jeder Truppentheil hat für die Heranbildung und Ergänzung eines solchen an Offizieren, Unteroffizieren und Soldaten zu sorgen.

Die Ausbildung dieser Lehrer ist vornehmlich Sache derjenigen Offiziere, welche einen Kursus auf der Central-Turn-Anstalt durchgemacht und mit dem Befähigungszeugniß von derselben entlassen sind.

Der Eskadron-Chef ist für den richtigen Betrieb der Gymnastik verantwortlich.

Der eigentlich technische Unterricht kann zwar Unteroffizieren in die Hand gegeben werden; dieselben sind aber immer nur als Gehülfen des Offiziers zu betrachten, welcher die Uebungen leitet. Es ist nothwendig, daß sämmtliche Offiziere sich mit den Prinzipien der Gymnastik vertraut machen; die jüngeren Offiziere müssen im Stande sein, die Uebungen praktisch auszuführen.

Die Unteroffiziere sind nach Möglichkeit gymnastisch so weit auszubilden, daß sie nicht allein die Uebungen den Leuten korrekt vorzumachen verstehen, sondern auch mit dem Lehrgange genügend bekannt sind, um beim Unterricht mit Einsicht und planvoll verfahren zu können. Aus den geschicktesten Leuten werden Lehrergehülfen zur Unterstützung der Unteroffiziere ausgewählt.

§. 2.
Anordnung des Unterrichts.

Die gymnastischen Uebungen sind recht eigentlich Detailübungen; deßhalb dürfen sie auch nur in kleineren Abtheilungen betrieben werden.

In einer jeden Uebungsstunde müssen möglichst alle Theile des Körpers gleichmäßig in Thätigkeit gesetzt werden. Zu diesem Zweck sind von dem leitenden Offizier jedesmal eine Anzahl entsprechender Uebungen zusammenzustellen, welche die Unteroffiziere und Lehrergehülfen in der Unterrichtszeit durchzunehmen haben. Die Freiübungen speziell sind in Gruppen zu ordnen, in denen Kopf-, Arm- (Hand-), Rumpf-, Bein- und Fußbewegungen in gleichem Maße vertreten sein müssen. Bei Durchnahme derselben wird am zweckmäßigsten diese oder die umgekehrte Reihenfolge festgehalten.

Die Uebungen müssen, unter angemessener Wiederholung der bereits durchgenommenen, stetig von leichten zu schweren, von einfachen zu zusammengesetzten Uebungen fortschreiten.

Alle Uebungen, welche sich sowohl rechter als linker Hand ausführen lassen, sind auf beide Weisen zu lehren, und diejenigen, welche die Lungen in erhöhte Thätigkeit setzen, also erhitzend und angreifend sind, in die Mitte der Stunden zu legen.

Der Unteroffizier hat bei solchen Uebungen, wo der Mann fallen und sich dadurch beschädigen kann, denselben allein, resp. mit Hülfe eines anderen zu halten oder bei Geübteren sich so zu stellen, daß er jederzeit helfen und unterstützen kann (Hülfsstellung). Bei Ausführung der Uebungen muß er die sorgfältigste Korrektur eintreten lassen und in seinem ganzen Verhalten Lust und Liebe zur Sache, Umsicht und Geduld an den Tag legen.

Während des Unterrichts ist von der militairischen Ordnung und Disziplin nicht nachzulassen, um so weniger, als die ermüdenden Uebungen dazu nöthigen, den Leuten in den Momenten der Ruhe zu ihrer Erholung eine größere Freiheit wie in Reihe und Glied zu gestatten.

Bei Beurtheilung der Leistungen ist darauf zu sehen, daß die Uebungen korrekt nach der Vorschrift ausgeführt werden. Es kommt z. B. zunächst nicht darauf an, wie weit, sondern wie gesprungen wird. Ein strenges Festhalten an den vorgeschriebenen Formen führt den Mann zur Herrschaft über seinen Körper und dadurch um so sicherer zu gesteigerten Leistungen.

§. 3.
Eintheilung der Uebungen.

Die gymnastischen Uebungen zerfallen in die Freiübungen und in die Rüstübungen.

I. Freiübungen.

Unter Freiübungen versteht man diejenigen Uebungen, zu deren Ausführung man im Gegensatz zu den Rüstübungen keiner technischen Apparate bedarf. Ihre Wichtigkeit beruht darin, daß sie die Grundlage von allen anderen gymnastischen Uebungen bilden und ein Mittel gewähren, auf jeden Theil des Körpers einzuwirken.

Zu Ende der Rekrutenzeit, wo die Detailausbildung mehr in den Hintergrund tritt, sowie in späterer Zeit können diese Uebungen auch in größeren Abtheilungen, als oben vorgeschrieben, betrieben werden. Sie dienen dann hauptsächlich als ausgleichende, einleitende und Schlußübungen.

II. Rüstübungen.

Während die Freiübungen den Zweck verfolgen, den Mann gelenkfrei zu machen, d. h. ihm die vollständige Herrschaft über seinen Körper und dessen Gliedmaßen zu geben, bewirken die Rüstübungen die weitere Entwickelung seiner Muskelkraft. Sie bestehen in:

   A. Uebungen am Balancirbaum;
   B. Uebungen am Querbaum;
   C. Uebungen am Schnursprunggestell;
   D. Uebungen am Sprungkasten, und
   E. Voltigirübungen.

Die Voltigirübungen sind schließlich der Art auf die militairische Praxis zu übertragen, daß sie an dem mit wirklichem Sattel- und Packzeug versehenen Voltigirbock und am lebenden Pferde — sowohl bei ruhiger Stellung desselben, wie auch im Galopp — vorgenommen und, so weit es angänglich, von den Leuten in militairischer Ajustirung ausgeführt werden.

Diese Kategorie von Uebungen bezeichnet man als »angewandte Voltigirübungen«.

§. 4.
Klassen-Eintheilung.

Die Mannschaft der Eskadron ist lediglich mit Rücksicht auf ihre Leistungen und Individualität in drei Klassen einzutheilen.

Mit der 3ten Klasse sind die eigentlichen gymnastischen Schulformen in ihrem ganzen Umfange durchzuüben.

In der 2ten Klasse wird die vollkommene Ausführung sämmtlicher Frei- und Rüstübungen verlangt.

In der 1sten Klasse bilden vorzugsweise die angewandten Voltigirübungen den Gegenstand der Unterweisung. Aus dieser Klasse ergänzen sich die Lehrergehülfen.

Bei Einstellung der Rekruten in die Eskadron ist die Klasseneintheilung am geeignetsten vorzunehmen. Die Rekruten bilden daher bis zu diesem Zeitpunkt für sich eine Klasse, in welcher außer den Freiübungen auch die elementarsten Rüstübungen betrieben werden müssen.

Das auf die gymnastischen Uebungen zu verwendende Zeitmaß bleibt dem Ermessen des Eskadron-Chefs überlassen.

Zweiter Abschnitt.
Uebungen der Gymnastik.
I. Freiübungen.
§. 5.

1. Fersenheben.

Fuß- und Bein-bewegungen. Die Fersen werden langsam vom Boden erhoben, so daß der Körper bei gestreckten Beinen schließlich nur auf den Ballen und Zehen ruht, und nach kurzem Verweilen in dieser Stellung wieder gesenkt.

Kommando: Fersen — hebt! — senkt!

2. Kniebeugen.

Fig. 1.

Langsames, stetiges Beugen der Kniee in der durch die Richtung der Füße bestimmten senkrechten Ebene unter allmäligem Heben der Fersen bis zum rechten Winkel zwischen Ober- und Unterschenkel; Oberkörper lothrecht und unverdreht mit Hüften fest*). Nach einigem Verharren in dieser Stellung ebenso gleichmäßiges und ruhiges Strecken der Kniee und Senken der Fersen.

Anfangs in 4 Tempos zu üben. Auf: eins! Heben der Fersen; auf: zwei! Beugen der Kniee bis zum rechten Winkel; auf: drei! Strecken der Kniee; auf: vier! Senken der Fersen.

Kommando: Kniee — beugt! — streckt!

3. Schlußsprung auf der Stelle.

Anfangs in 3 Tempos. Auf: eins! schnelles Kniebeugen mit Hüften fest; auf: zwei! Emporschnellen des Körpers durch kräftiges Strecken der Kniee (Fußspitzen nach

---

*) Auf: Hüften — fest! werden die Hände derartig auf die Hüften gesetzt, daß der Daumen nach hinten, die übrigen geschlossenen Finger nach vorn, die Ellenbogen in der Schulterlinie zu liegen kommen. Auf: Hüften — los! resp. Grund — stellung! kurzes Zurückführen der Arme in die frühere Lage. Durch den Hüftstütz will man dem Körper einen festeren Halt geben; auch bedient man sich desselben bei solchen Uebungen, wo die herabhängenden Arme deren Ausführung hinderlich sein würden.

unten gerichtet) und Zurückfallen in die Kniebeuge; auf: drei! ruhiges Strecken der Kniee.

Der Oberkörper bleibt in allen 3 Tempos in senkrechter Haltung, Fersen geschlossen.

Kommando: Schlußsprung auf der Stelle — springt!

Analog dieser Uebung wird später der **Schlußsprung von der Stelle** ausgeführt, wobei der Niedersprung um etwa Schrittlänge vor, resp. hinter der Absprungstelle stattfindet.

Kommando: Schlußsprung vorwärts (rückwärts) — springt!

4. Spreizsprung auf der Stelle.

Wie vorstehend, nur daß auf: zwei! beim Emporschnellen beide gestreckte Beine kräftig seitwärts gespreizt und kurz vor dem Niedersprung wieder zusammengeführt werden.

Kommando: Spreizsprung auf der Stelle — springt!

5. Seitsprung.

Während das gestreckte rechte (linke) Bein lebhaft seitwärts gespreizt wird, schnellt das andere mit kurzem Beugen und Wiederstrecken des Knies den Körper vom Erdboden ab und etwa eine Schrittlänge rechts (links) seitwärts hinaus. Der Niedersprung erfolgt auf beiden Füßen unter leichtem Kniebeugen.

Kommando: Seitsprung nach rechts (links) — springt!

6. Schrittsprung.

Wie die vorige Uebung, nur daß das benannte Bein vorwärts gespreizt wird.

Kommando: Schrittsprung rechts (links) vorwärts — springt!

Mit drei Schritt Anlauf bezeichnet man diesen Sprung als Freisprung (siehe Uebungen am Schnursprunggestell). Beim Ueben desselben ist auf regelmäßigen Wechsel im Abspringen mit dem rechten und linken Fuß zu halten.

7. **Ausfall.**
Fig. 2.

Der rechte (linke) Fuß wird in der Richtung seiner Längslinie rasch um ungefähr zwei Fußlängen vorwärts gesetzt, während gleichzeitig der Oberkörper nebst dem linken (rechten) gestreckten und mit der ganzen Fußsohle festaufstehenden Bein sich so weit vorneigt, daß beide eine gerade Linie bilden. Schultern und Blick in der Richtung des vorderen Fußes, auf welchem das Gewicht des Körpers ruht. Vorderes Knie senkrecht über Fußspitze.

Kommando: Rechten (linken) Fuß zum Ausfall
vorwärts — stellt! — Grund — stellung!
Später mit: Füße wechselt — um!*)

8. **Beinheben seitwärts, vorwärts, rückwärts.**
Fig. 3.

Das gestreckte rechte (linke) Bein wird in der benannten Richtung (seitwärts, vorwärts, rückwärts), so weit es bei senkrecht bleibendem Oberkörper möglich ist, langsam und stetig gehoben und demnächst wieder gesenkt.

Kommando: Rechtes (linkes) Bein seitwärts (vorwärts, rückwärts) — hebt! — senkt!

*) Auf dieses Kommando wird der vorgesetzte Fuß zur Grundstellung zurückgezogen und darauf der andere zum Ausfall vorwärts gestellt. Also zwei Tempos.

9. **Beinspreizen seitwärts.**

Wie unter 8, nur in sehr lebhaftem und raschem Tempo. Das Senken des Beines erfolgt sofort ohne weiteres Kommando.

Kommando: Das rechte (linke) Bein spreizen — spreizt!

10. **Kniebeugen aufwärts. — Vorwärts-, seitwärts-, rückwärtsstrecken.**

Fig. 4.

Das rechte (linke) Knie wird in der Ebene, welche die Stellung des Fußes bezeichnet, rasch emporgehoben, so daß der Oberschenkel wagrecht liegt, der Unterschenkel lothrecht von diesem herabhängt. Der Fuß wird gleichzeitig soweit als möglich gegen den Unterschenkel gebeugt. Das Zurückgehen in die Grundstellung analog.

Aus der Knieaufwärtsbeugung langsames Strecken des Knie- und Fußgelenks vorwärts, resp. rückwärts, während das stehende Bein gestreckt bleibt. Das Strecken seitwärts erfolgt ebenso, nachdem vorher das Knie so weit seitwärts geführt ist, daß es in die Frontlinie kommt.

Die normale Haltung des Oberkörpers darf durch die Uebung nicht beeinträchtigt werden. Der Blick ist gerade aus auf einen festen Punkt gerichtet, um die Balance zu erhalten.

Kommando: Rechtes (linkes) Knie aufwärts — beugt! — vorwärts (rückwärts) — streckt! — beugt! — nieder — stellt!

oder:

Rechtes (linkes) Knie aufwärts — beugt! —
seitwärts — führt! — streckt! — beugt! —
vorwärts — führt! — nieder — stellt!
Später mit: Füße wechselt — um!

Fig. 5.

11. Fußrollen.

Die Fußspitze beschreibt aus der Knieaufwärtsbeugung Kreise in ruhigem
Tempo nach rechts und links.
Kommando: Fuß rechtsum —
rollt! — halt! — linksum —
rollt! — halt!

§. 6.

1. Rumpfbeugen vorwärts, rückwärts.

Fig. 6a.

Rumpfbewe-
gungen.

Der Oberkörper wird ohne Ver-
drehung der Schultern bei völlig
gestreckten Kniegelenken in lang-
samem Tempo vorwärts ge-
beugt. Der Kopf beugt sich mit,
so daß also in der Beugestellung
das Gesicht nach den Knieen gerichtet ist (Fig. 6. a.).

Fig. 6 b.

Die Rückwärtsbeugung erfolgt in ähnlicher Weise, darf aber nicht übertrieben, auch nicht lange in ihr verweilt werden (Fig. 6. b.).

Zurück in die Grundstellung durch Strecken des Rumpfes und Kopfes.

Die Rumpfbeugungen, sowie die Bewegungen, welche zugleich Balancirübungen sind, z. B. Fersenheben, Kniebeugen ꝛc., können später durch Aufwärtsstrecken der Arme erschwert und verstärkt werden.

Kommando: Rumpf vorwärts (rückwärts) — beugt! — streckt!

Fig. 7.

2. **Rumpfbeugen seitwärts.**

Der Oberkörper beugt sich langsam ohne Verdrehen der Schultern und des mit zu beugenden Kopfes so weit rechts (links) seitwärts herab, als es ohne Lüften des linken (rechten) Fußes möglich ist. Die Hand, nach welcher zu die Beugung gemacht wird, gleitet langsam am Schenkel herab.

Kommando: Rumpf rechts (links) seitwärts — beugt! — streckt!

Fig. 8.

3. **Rumpfdrehen.**

Besteht in einem ruhigen, stetigen Drehen des Oberkörpers um seine Längenaxe, welcher Bewegung der Kopf, ohne sich jedoch im Halsgelenk noch besonders zu drehen, folgt.

Das Schließen der Füße*) erleichtert und unterstützt die Uebung. Dieselbe kann auch mit vorwärtsgestreckten Armen ausgeführt werden.

§. 7.

1. **Armstrecken aufwärts, seitwärts, vorwärts, rückwärts, abwärts.**

Arm- u. Handbewegungen.

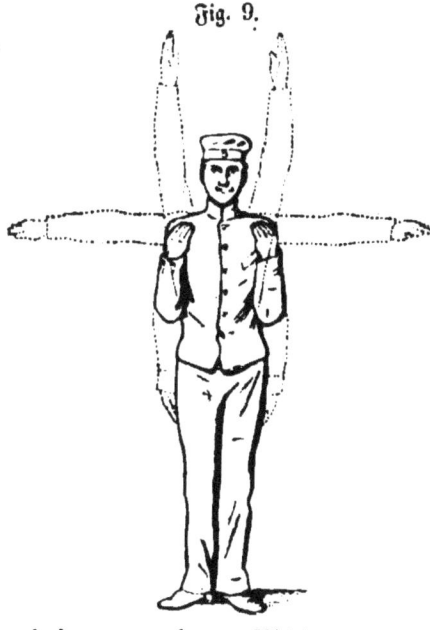

Fig. 9.

Das erste Tempo sämmtlicher Armstreckungen bildet ein kurzes Armaufwärtsbeugen, wodurch der Unterarm vor dem in der senkrechten Lage verbleibenden Oberarm zu liegen kommt. Hand wie Finger beugen sich mit, so daß die Spitzen der letzteren das Schultergelenk leicht berühren. Im zweiten Tempo kräftiges, fast stoßartiges Strecken nach der angegebenen Richtung.

*) Auf: Füße — schließt! werden die Füße bei feststehenden Fersen und leicht gehobenen Fußspitzen so weit nach innen gedreht, daß die inneren Fußränder sich berühren. Auf: Füße — auf! Wiedereinnehmen der Grundstellung.

Das Strecken aufwärts findet bis zur senkrechten Lage, seitwärts und vorwärts in der wagerechten, rückwärts so weit statt, als es ohne Mitbewegung des Oberkörpers geschehen kann. Flache Hand mit geschlossenen Fingern, Handwurzel und Arm eine gerade Linie. Bei der Aufwärts-, Vorwärts- und Rückwärtsstreckung Hände in Schulterbreite auseinander und die inneren Handflächen sich zugekehrt, bei der Seitwärtsstreckung dagegen letztere nach unten gerichtet.

Kommando: Arme aufwärts (seitwärts, vorwärts, rückwärts) — streckt! — abwärts — streckt!

Später ist die Uebung dadurch zu erschweren, daß die Arme nach verschiedenen Grundrichtungen gestreckt werden.

Z. B.

Kommando: Rechten Arm aufwärts, linken Arm vorwärts — streckt! — Arme wechselt — um! u. s. w.

2. **Armheben seitwärts.**

Die gestreckten Arme werden in ruhigem Tempo genau seitwärts bis 45 Grad über Schulterhöhe emporgehoben, und demnächst wieder gesenkt.

Hände gestreckt, Finger geschlossen, Handrücken oben.

Kommando: Die Arme seitwärts — hebt! — senkt!

Fig. 10.

3. **Armrollen.**

Die seitwärts gestreckten Arme beschreiben in mäßigem Tempo (beim Vorwärtsrollen nach vorn zu, beim Rückwärtsrollen nach hinten zu beginnend) mit den FingerspitzenKreise, deren Mittelpunkt in der Höhe des

Schultergelenks liegt, und deren Halbmesser durch den Grad
der Rollung nach hinten zu bestimmt ist. Körperhaltung
normal.

  Kommando: Arme nach vorwärts (rückwärts) —
    rollt! — halt!

4. **Handrollen.**

Bei seitwärts gestreckten Armen analog der Armrollung
mit dem Unterschiede, daß die Bewegung nicht im Schultergelenk, sondern im Handgelenk stattfindet.

Hände gestreckt, Finger geschlossen, innere Handflächen
ununterbrochen nach unten gekehrt.

  Kommando: Hände nach vorwärts (rückwärts) —
    rollt! — halt!

§. 8.

Kopfbewegungen.

1. **Kopfbeugen vorwärts, rückwärts, seitwärts.**

Der Kopf wird bei »vorwärts« so weit als möglich
nach der Brust zu gebeugt. Analog rückwärts und seitwärts.

Bei letzterer Bewegung ist darauf zu achten, daß der
Kopf sich nicht gleichzeitig nach vorn oder hinten beugt.

Schultern bleiben fest stehen, jede, auch die leiseste
Beugung des Rumpfes ist zu vermeiden.

  Kommando: Kopf vorwärts (rückwärts, seitwärts)
    — beugt! — streckt!

2. **Kopfdrehen.**

Der Kopf wird soweit nach rechts oder links gedreht
als es, ohne ihn zu beugen, möglich ist.

Schultern in der Frontlinie.

  Kommando: Kopf rechts (links) — dreht! — vor
    wärts — dreht!

II. Rüstübungen.

A. Uebungen am Balancirbaum.

§. 9.

1. **Einfaches Hinauf- und Herabspringen.** (Baum in Hüfthöhe.) *Hinaufspringen auf den Baum und Balancirstand auf demselben.*

Die rechte Hand erfaßt die obere Fläche des Ständers, die linke wird auf den Baum selbst gelegt und nun mit Unterstützung der Hände derartig hinaufgesprungen, daß beide Füße gleichzeitig auf dem Baum zu stehen kommen.

Analog Herabspringen.

2. **Balancirstand.***)

Fig. 11.

Die Oberarme werden beinahe bis zur wagerechten Lage erhoben, die Unterarme gegen sie etwas nach vorn gewinkelt, die Finger ein wenig gekrümmt, der Oberkörper möglichst senkrecht auf den Hüften, die Beine im Kniegelenk leicht gebeugt, die Füße auswärts in etwa halber Fußlänge von einander, der Blick gerade aus.

Das Abspringen vom Baum entweder wie bei der vorigen Uebung, oder durch Seitsprung, resp. Schrittsprung (siehe §. 5. sub 5. resp. 6.).

---

*) Wo die Bezeichnung der Baumhöhe fehlt, ist immer die Höhe, in welcher die vorhergehende Uebung gemacht wurde, maßgebend.

Uebungen im Balancirstand.

§. 10.
1. **Positionswechsel der Füße.**
Der hintere Fuß wird um etwa halbe Fußlänge vor den vorderen gesetzt, resp. der vordere hinter den hinteren.
2. **Wendungen.**
Steht der rechte Fuß vor entweder einfache Wendung linksum, oder in Verbindung mit Positionswechsel nach vorwärts rechtsum; ist der linke Fuß der vorstehende, umgekehrt. Analog Kehrtwendungen, diese stets in 2 Tempos.
3. **Wechselkniebeugen abwärts.**

Fig. 12.

Der vorstehende Fuß wird soweit einwärts gedreht, daß er mit der ganzen Sohle auf dem Baum steht, die Arme nach vorwärts gestreckt, der hintere Fuß schwebt frei zur Seite des Baumes herab und lehnt sich bei der Beugung und Wiederstreckung des vorderen Beines mit dem Schenkel leicht an denselben an.
Die Uebung wird mit jedem Beine einige Male wiederholt.

§. 11.

Gangübungen.
1. **Gang vorwärts.** (Baum fest und horizontal.)
Haltung des Körpers wie im Balancirstand, der Blick nach dem Ende des Baumes gerichtet, nicht nach den Füßen herab, mit dem hinteren Fuß angetreten, nicht zu große und zu lebhafte Schritte machen.
Bei eintretenden Schwankungen des Körpers darf der Uebende den Gang nicht eher fortsetzen, als bis er die vollständige Herrschaft über seinen Körper wiedererlangt hat, was sich durch ein ruhiges und sicheres Stehen auf dem Baum kundgiebt.

B. Uebungen am Querbaum.

§. 12.

1. Langhang. (Baum in Sprungreichhöhe.)   Uebungen im Hang.

Der Uebende stellt sich unter den Baum, springt mit Schlußsprung auf der Stelle empor, die während des Sprunges sich aufwärts streckenden Arme ergreifen mit den Händen den Baum:

Fig. 13.

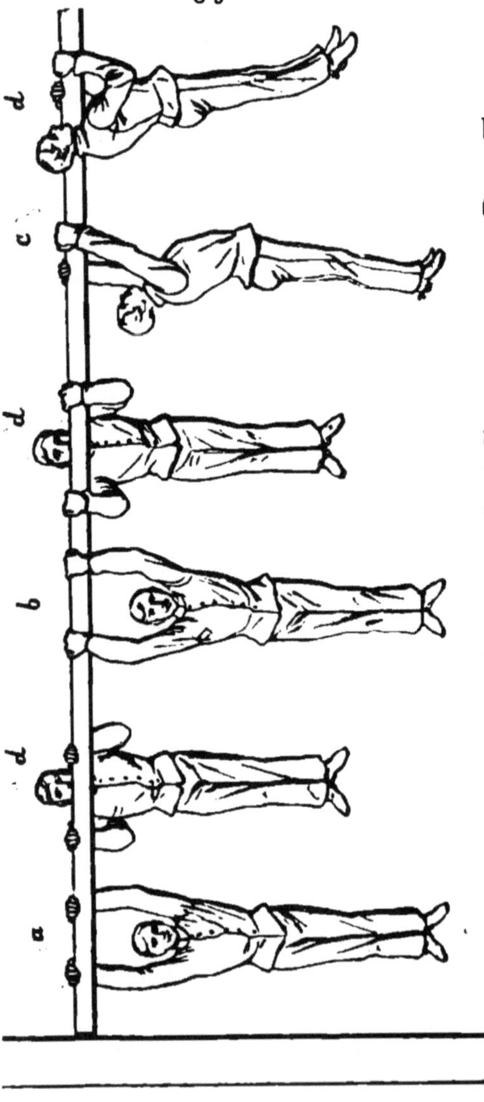

a. mit Aufgriff (Fig. 13. a.);
b. mit Untergriff (Fig. 13. b.);*)
c. mit Zwiegriff (Fig. 13. c.).

Bei a. und b. stehen die Schultern parallel zum Baum, Hände Schulterbreite auseinander; bei c. in der Querrichtung, Hände

---

*) Der Sprung in den Langhang mit Untergriff bei Sprungreichhöhe ist schwierig, daher event. durch Griffwechsel aus Aufgriff einzunehmen, wobei unter leichtem Klimmziehen erst die eine, dann die andere Hand in den Untergriff geht.

dicht aneinander. Arme und Körper sind vollständig gestreckt. Eine Weile hängen, dann unter unmerklichem Klimmzug (siehe 2) Niedersprung wie beim Schlußsprung.

2. **Klimmziehen.***)

Aus Langhang langsames Emporziehen des völlig gestreckten Körpers durch Beugung der Arme, bei Unter- und Aufgriff mindestens bis die Schultern in gleiche Höhe mit dem Baum kommen, bei Zwiegriff denselben berühren (Kurzhang). Hiernach unterscheidet man:

Kurzhang mit Untergriff; ⎫
    „   „ Aufgriff; ⎬ Fig. 13. d.
    „   „ Zwiegriff. ⎭

Nach einigem Verweilen in diesem Hang Herunterlassen in den Langhang und ab.

3. **Handgang im Aufgriff, Zwiegriff.**
   a. im Langhang;
   b. im Kurzhang.

Beim Zwiegriff greift anfangs die eine Hand der andern nach (mit Nachgriff), später die eine über die andere fort (mit Uebergriff), beim Aufgriff dagegen seitwärts, worauf die andere auf Schulterbreite nachfolgt u. s. w. Der Körper bleibt gestreckt.

Fig. 14.

4. **Längsliegehang rechts (links).** (Baum anfangs in Schulter-, allmälig bis Sprungreichhöhe.)

Der Uebende erfaßt den Baum im Zwiegriff, rechte (linke) Hand vorn, schwingt unter Abstoß mit den Füßen beide gestreckt und geschlossen zu haltende Beine kräftig vor (auch als Vorübung besonders zu betreiben) und wirft dicht unter dem Baum das rechte (linke) Bein zum Hang im Kniegelenk (Kniehang) über denselben. Das andere Bein und der Oberkörper

---

*) In Betreff der Baumhöhe siehe Anmerkung zu §. 9. sub 2.

liegen gestreckt und wagerecht unter dem Baum in dessen Längsrichtung, in dieser Lage durch das übergeworfene Bein und die gebeugten Arme gehalten.

Bei Sprungreichhöhe erfolgt der Abstoß mittels Schlußsprunges.

Die Uebung kann auch später bei kräftiger Arm- und Bauchmuskulatur aus Langhang gemacht werden.

5. **Querliegehang und Schwingen in demselben.**

Fig. 15.

Aus Längsliegehang rechts (links) geht der Uebende in den Querliegehang, indem die linke (rechte) Hand zwischen der rechten (linken) und dem Knie, letztere dagegen über das Knie hinweg den Baum im Aufgriff erfassen. Hierdurch werden die Schultern dem Baum parallel, der Körper in wagerechter Lage senkrecht zum Baum gestellt (Fig. 15. a.).

Später geschieht das Einnehmen des Querliegehangs unter Benutzung des Absprunges aus Langhang mit Aufgriff, wobei das Knie nicht zwischen, sondern neben den Händen zu liegen kommt.

Aus Querliegehang als Vorübung zum Knieaufschwung (Fig. 15. b.) Schwingen des gestreckten Beines.

6. **Sturzhang in Hockstellung.**

Fig. 16.

a. aus Untergriff;
b. aus Aufgriff (Fig. 16.).

Aufschwung der Beine und Beugen der Kniee bis bei gestreckten Armen die Fußrücken den Baum berühren. Kurzes Verweilen in dieser Lage, dann Strecken der Kniee und ab.

24

7. Seitliegehang.

Fig. 17.

Sturzhang in Hockstellung, dann langsames Ausstrecken der Beine, so daß der Oberkörper wagerecht, die Beine mit den Unterschenkeln gegen den Baum gelehnt liegen. In diesem Hang Klimmziehen.

8. Durchzug. (Baum in Sprungreichhöhe.)

Fig. 18.

Aus Sturzhang in Hockstellung mit Aufgriff wird ein Bein nach dem andern, oder auch beide Beine (durch Kreuzen derselben) gleichzeitig zwischen den Armen hindurchgebracht, hierauf der Oberkörper weiter heruntergelassen und die Beine gestreckt (Fig. 18. a.). Nach kurzem Verweilen in diesem Hang (Durchzughang) Niedersprung, oder auf demselben Wege den Körper langsam zurückziehen.

Aus Durchzughang wird später der gestreckte Sturzhang rücklings eingenommen (Fig. 18. b.).

§. 13.

Uebungen im Stütz und Sitz.

1. **Schlußsprung in den Stütz.** (Baum in Brust- bis Schulterhöhe.)

Der Uebende tritt bis auf Unterarmlänge an den Baum heran, legt beide Hände in Schulterbreite von einander — Daumen diesseits, die übrigen Finger jenseits — leicht auf

den Baum (Fig. 19. a.), dann rasches Kniebeugen (Fig. 19. b.) und Emporspringen mit Druck der Arme in den Stütz (Fig. 19. c.).
Fig. 19.

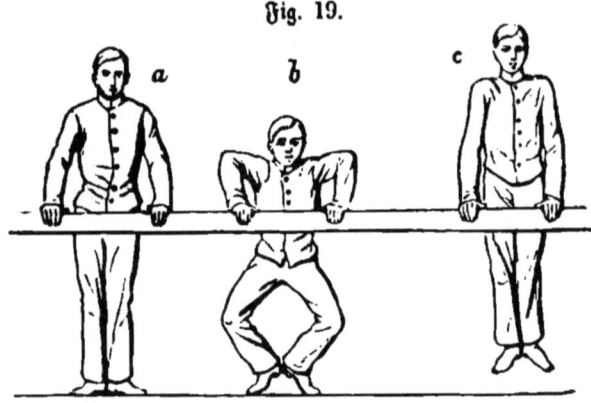

Körper vollständig gestreckt, Fersen geschlossen, Fußspitzen auswärts und nach unten gerichtet.

Niedersprung, Hände los.

Fig. 20.

2. **Doppelarmbeugen und -strecken.**
a. aus Stütz vorlings (Fig. 20. a.);
b. aus Stütz rücklings (Fig. 20. b.).

a. Beide Arme beugen sich ruhig und gleichmäßig, ohne daß der Oberkörper im weiteren Heruntersinken den Baum berührt, anfangs so weit, daß der Oberarm zum Unterarm im rechten Winkel steht, später, daß der Mund den Querbaum berührt (Knickstütz).

Kurzes Verweilen darin, dann wieder ruhiges Strecken der Arme.

b. Rücklings analog, nachdem vorher der Seitsitz (siehe sub 7. b.) und aus diesem der Stütz rücklings eingenommen ist.

Letztere Uebung ist schwierig und muß mit Vorsicht betrieben werden.

3. **Beinheben seitwärts aus Stütz.**
Fig. 21.

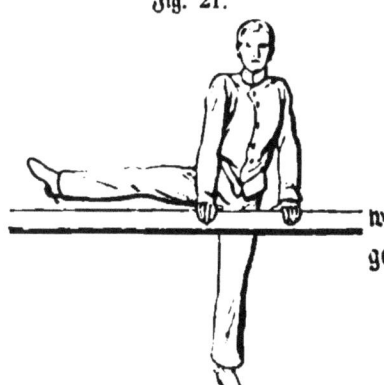

Die Beine werden abwechselnd langsam seitwärts gehoben und gesenkt.

4. **Schlußsprung in den Stütz mit halber Spreize aus Stand.** (Baum in Brusthöhe.)
Sehr lebhaftes Beinheben und -senken in Verbindung mit Sprung in den Stütz und sofortigem Niedersprung.

5. **Schlußsprung in den Stütz mit Gesäßheben.**
   a. aus Stand;
   b. mit Anlauf. } (Fig. 22. a.)
Fig. 22.

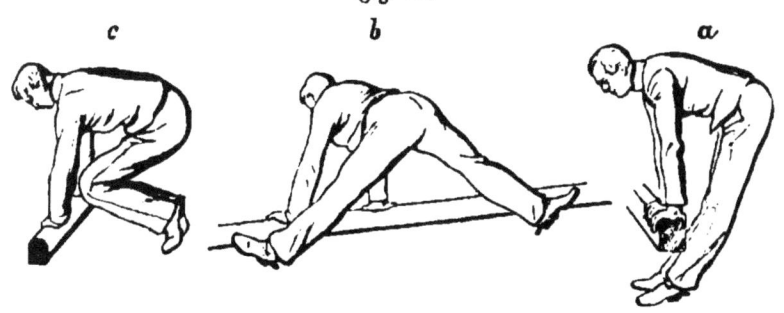

a. Durch kräftigen Druck der Arme unter gleichzeitigem Absprung und Mitwirkung der Bauchmuskeln wird das Gesäß so hoch gehoben, daß der Rumpf fast wagerecht liegt. Die Beine legen sich nicht gegen den Baum, sondern gehen vom höchsten Punkt des Sprunges gleich in die Kniebeuge zurück, aus welcher die Uebung mehrere Male wiederholt wird.

b. **Anlauf mit 3 Schritt;** beim dritten Schritt Sammeln der Beine zum Absprung, welcher als Schlußsprung dicht vor dem Baum unter fast gleichzeitigem Erfassen desselben mit beiden Händen stattfindet.

Dieselbe Uebung später:
   a. mit ganzer Spreize (Fig. 22. b.);
   b. mit Anhocken der Beine (Fig. 22. c.).

6. **Spreizaufsitzen aus Stütz.**
   a. mit festen Händen;
   b. mit Lüften der gleichseitigen Hand.

a. Lebhaftes Seitwärtsheben des rechten (linken) Beines, Hinüberführen desselben über den Baum unter Drehung der Schultern in die Querrichtung zum Baum, dann Hinsetzen und Hände los (Reitsitz). Entsprechend ab.

Bei b. macht die rechte (linke) Hand dem hinüberzuschwingenden gleichseitigen Bein Platz, um sogleich wieder den Baum zu erfassen (lüftet sich). Stütz und Schulterstellung bleiben wie bisher. Beim Zurückführen wird der Schwung des gestreckten rechten (linken) Beines von links (rechts) her genommen. Die betreffende Hand macht ebenfalls für einen Moment dem Bein Platz.

7. **Sitzwechsel aus Reitsitz, resp. Halbquersitz.**
   a. einfacher Sitzwechsel;
   b. doppelter Sitzwechsel.

(Baum in Brust- bis Schulterhöhe.)

a. Aus Reitsitz wird das rechte (linke) Bein bei feststehenden Schultern über den Baum geschwungen in den Halbquersitz links (rechts), dann wieder zurück in den Reitsitz.

b. Aus Halbquersitz links (rechts) durch Hinüberschwingen beider Beine über den Baum in Halbquersitz rechts (links).

Aus Halbquersitz links (rechts) gelangt man durch Drehung der Schultern nach links (rechts), so daß diese parallel mit dem Baum liegen, in den Seitsitz.

8. **Handgang aus Stütz.**
a. einfacher Handgang;
b. Doppelhandgang.

a. Die rechte (linke) Hand greift etwa um Handlänge rechts (links) seitwärts fort, der linke (rechte) Arm schiebt den Körper ihr nach und zieht sich wieder in Schulterbreite heran.

b. Durch kurzes Beugen und lebhaftes Strecken der Arme werden die Hände und mit ihnen der Körper sprungartig um etwa Handlänge nach rechts oder links seitwärts fortgeschnellt.

9. **Wuchten aus Stütz.**
Fig. 23.

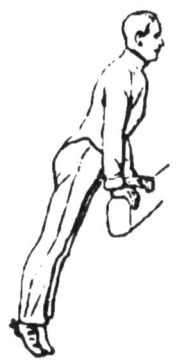

Die Beine beugen sich im Hüftgelenk etwas nach vorn und geben dann dem Körper mit den Oberschenkeln einen kurzen aber kräftigen Abstoß nach hinten vom Baume ab. Arme bleiben gestreckt und in senkrechter Lage, wodurch der Körper wieder von selbst in den Stütz zurückfällt.

10. **Abschnellen.**
Aus dem Wuchten stoßen die unmerklich gebeugten Arme den Körper kräftig nach hinten ab, so daß vom Baume mehr oder minder entfernt der Niedersprung erfolgt.

11. **Herabsenken aus Stütz in den Langhang und Heraufziehen und -stemmen aus diesem in jenen.** (Baum in Sprungreichhöhe.)

Knickstütz, hierauf Abbiegen erst eines Armes, dann des andern in den Kurzhang, Herunterlassen in den Langhang. — Scharfes Heraufziehen in den Kurzhang, Aufbiegen erst eines, dann des andern Armes in den Knickstütz, Strecken der Arme.

§. 14.

1. **Knieaufschwung. — Knieabschwung.** (Baum in Schulter- bis Sprungreichhöhe.)

Auf- und Abschwünge.

Querliegehang, Schwingen, Aufbiegen und Strecken der Arme in dem Moment, wo das gestreckte Bein nach rückwärts geht, so daß der Oberkörper in die Höhe des Baumes emporgehoben wird und auf den Oberschenkel desjenigen Beines zu sitzen kommt, welches im Kniehang sich befand (siehe Fig. 15. b.).

Abschwung entweder mit Uebergehen in den Längsliegehang, oder mit Durchstecken des Sitzschenkels in den Seitliegehang, oder endlich — sofern der Knieaufschwung aus Langhang mit Aufgriff ausgeführt wurde — durch gestrecktes Herumführen des im Kniehang sich befindenden Beines in den Seitliegehang. Das bei allen 3 Arten des Abschwunges nothwendige Herunterlassen des Körpers in den Kniehang erfolgt stets nach rückwärts.

Der Abschwung kann auch derartig gemacht werden, daß der Uebende oben auf dem Baum den Seitsitz einnimmt, sich — Hände im Aufgriff — erst in den Kniehang an beiden Beinen, dann in den Langhang herunterläßt und abspringt.

2. **Aufschwung aus Unter-, resp. Aufgriff; Vorwärtsabschwung aus Untergriff.**

Abstoß aus Grundstellung und Aufschwung der Beine in den Seitliegehang mit gleichzeitigem kräftigen Klimmzug, wodurch der im Hüftgelenk stark gebeugte Körper über den Baum geschwungen und in den Stütz vorlings gebracht wird.

Wird diese Uebung langsam aus reiner Armkraft gemacht, so bezeichnet man sie als **Aufzug**; anfangs nach 3 Tempos. Erstes Tempo: Sturzhang in Hochstellung (Fig. 16.), zweites: Strecken der Beine zum Seitliegehang (Fig. 17.), drittes: Heraufziehen des Körpers in den Stütz.

Beim **Abschwung** neigt sich der Körper, auf dem Bauch aufliegend, nach vorn und dreht sich mit gestreckten Beinen um den Baum in den Langhang zurück, dann Niedersprung.

§. 15.

Ueberschwünge.

1. **Wende aus Stand, Stütz und mit Anlauf.** (Baum in Hüft bis Brusthöhe.)

Fig. 24.

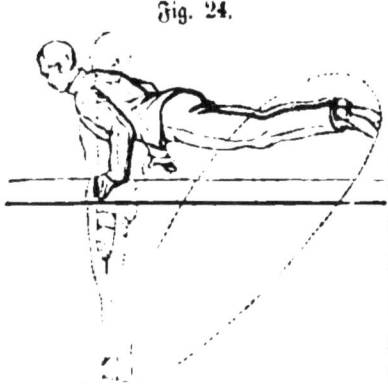

Aus Stand. — Unter kräftigem Sprung in den Stütz wird der Körper nach rechts (links) so über den Baum geschwungen, daß durch Drehung der Schultern dessen vordere Seite in der Höhe des Schwunges dem Baum zugekehrt ist. Beine gestreckt und geschlossen. Die rechte (linke) Hand macht dem Körper Platz. Der Niedersprung erfolgt dicht neben der linken (rechten) Hand, welche rechtzeitig den Griff wechseln muß. — **Aus Stütz** entsprechend, nur daß an Stelle des Absprunges durch Wuchten dem Körper der nöthige Schwung gegeben wird. — Der Griffwechsel der linken (rechten) Hand erfolgt schon vor Beginn des Ueberschwunges. **Mit Anlauf.** — Vergl. §. 13. 5. b.

2. **Kehre aus Stand und mit Anlauf.**

Aehnlich der vorstehenden Uebung, nur daß jetzt der Körper, indem er über den Baum geschwungen wird, sich so dreht, daß seine Rückenseite demselben zugekehrt ist. Bei Kehre rechts (links) macht die rechte (linke) Hand dem Körper Platz, erfaßt aber den Baum wieder im Moment des Niedersprunges, während die andere losläßt.

3. **Barrieresprung.** a. nach rechts; b. nach links.

Fig. 25.

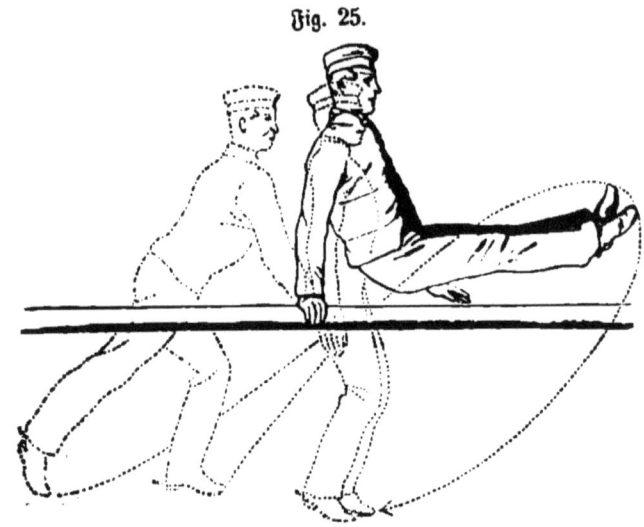

a. **nach rechts.** — Der Uebende steht neben dem Baum, die rechte Seite demselben zugekehrt, erfaßt ihn mit der rechten Hand, während zu gleicher Zeit das linke Bein vorschreitet und durch kräftigen Abstoß, Druck des rechten Armes nach unten nebst Vorschnellen des rechten Beines den Körper über den Baum hinüberschwingt. Die rechte Hand macht dem Körper Platz, die linke erfaßt den Baum.

b. **nach links** analog.

C. **Uebungen am Schnursprunggestell.**

Ein solider Betrieb dieser an sich einfachen Uebungen wird mit von wesentlichem Einfluß auf die späteren Leistungen im Voltigiren sein. Es empfiehlt sich langsam und stetig in den Höhenmaßen vorzuschreiten und eine Steigerung derselben nur dann eintreten zu lassen, wenn der Sprung auf geringere Höhe und Weite korrekt und sicher ausgeführt wird. Die Schnur bezeichnet das Maß der Leistung. Die Sprünge sind theils als Hoch-, theils als Weitsprünge, theils als Hoch- und Weitsprünge zu üben. Für feste Absprung- und weiche Niedersprungstelle ist Sorge zu tragen.

Schlußsprung, Freisprung.

§. 16.
1. Schlußsprung.

Fig. 26.

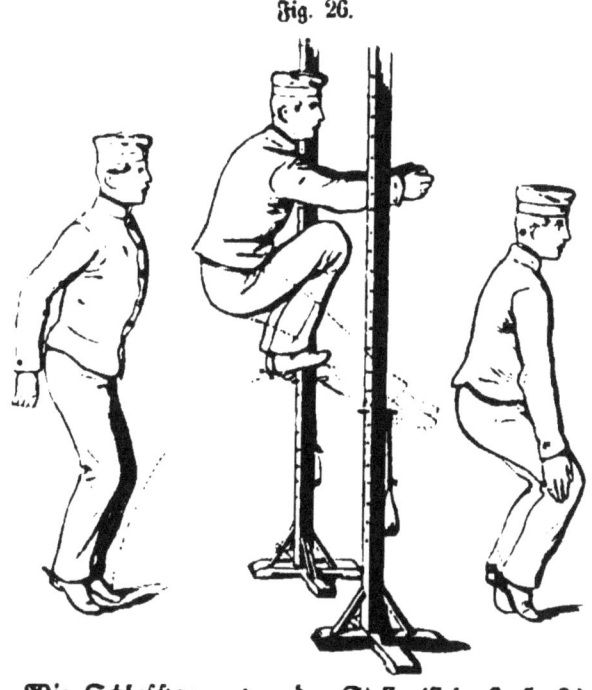

Wie Schlußsprung von der Stelle (siehe S. 5. 3.), nur daß im ersten Tempo — der Kniebeugung — sich der Oberkörper etwas vorneigt und im zweiten Tempo — dem eigentlichen Sprung — die Beine angehockt und, nachdem sie die Schnur passirt haben, kurz vor dem Niedersprung wieder gestreckt werden. Durch kräftigen Schwung mit den Armen nach vorwärts und aufwärts wird der Sprung unterstützt.

2. **Freisprung mit 3 Schritt Anlauf, rechts, links.**

Beim Anlauf muß der erste Schritt lang und in ruhigem Tempo, der zweite kurz und lebhaft gemacht und mit dem dritten Schritt abgesprungen werden. Die Kniee werden nach dem Absprung scharf nach der Brust hin angezogen, aber jenseits der Schnur kurz vor dem Niedersprung, der mit geschlossenen Fersen stattfinden muß, wieder gestreckt. Elastischer Niedersprung.

Als weitere Kombinationen sind später Sprungübungen mit **beliebigem Anlauf** anzuordnen, wobei man entweder vorher bestimmt, ob rechts oder links abgesprungen werden soll, oder auch dies dem Uebenden anheimstellt.

Bei Weitsprüngen reicht ein Anlauf von nur 3 Schritt nicht immer aus.

D. Uebungen am Sprungkasten.

Die Uebungen am Sprungkasten bilden eine vortreffliche Vorbereitungsstufe für die eigentlichen Voltigirübungen, besonders deshalb, weil die Konstruktion des Geräthes eine Reihe von Vorübungen gestattet, welche beim Voltigirbock nicht ausführbar sind. Sie sind daher für den Kavalleristen von großem Werth und erheischen einen sorgfältigen Betrieb.

Das Erlernen der Uebungen wird dem Mann erleichtert, wenn folgende praktische Winke beachtet werden:

1. die Hände werden zum Stütz auf den Kasten **flach** und mit **geschlossenen u. gestreckten Fingern** aufgelegt;
2. bei allen Stützsprüngen mit Anlauf müssen sich die Hände zum Stütz erst einen Moment **nach dem Absprung** auf das Geräth legen;
3. bei der Wende und Kehre, sowie den Vorübungen dazu sind die Anlaufschritte **ruhig** und nicht im Lauftempo zu machen, auch muß die Absprungstelle etwas nach außenhin verlegt werden;
4. beim Anlauf zur Hocke muß der dritte Schritt zum Sprunganfaß um so länger gemacht werden, je weiter die Absprungstelle vom Kasten entfernt ist.

§. 17.

1. **Wende aus Stand und mit Anlauf.***)

a. als Vorübung: **Wendsprung auf den Kasten.**

Uebungen bei Querstand des Kastens.

Fig. 27.

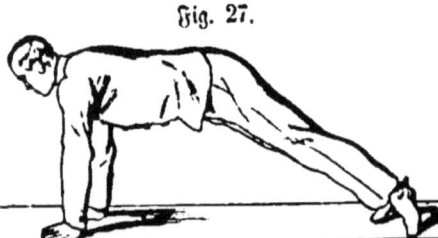

Der Körper wird nicht gleich über, sondern auf den

---

*) Der Anlauf zum Stützsprung findet nach der im §. 13. 5. b. gegebenen Vorschrift statt.

Kasten geschwungen, wobei die Fußspitzen sich auf diesen aufsetzen und im Verein mit den nebeneinanderstehenden Händen den Körper tragen. Beine gestreckt, Gesäß ein wenig gehoben (Fig. 27.). Nach einigem Verweilen in dieser Lage Fortsetzung des Sprunges durch kräftiges Abspreizen des äußeren Beines.

    b. Wende über den Kasten*) (siehe §. 15. 1.).

2. **Kehre aus Stand und mit Anlauf.**

    a. als Vorübung: Kehrsprung auf den Kasten.

Fig. 28.

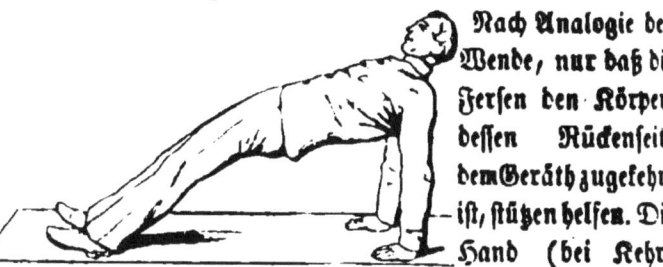

Nach Analogie der Wende, nur daß die Fersen den Körper, dessen Rückenseite dem Geräth zugekehrt ist, stützen helfen. Die Hand (bei Kehre links die linke), welche dem Körper Platz machen muß, stützt sich sogleich wieder auf den Kasten. Körper in gestreckter Lage (Fig. 28.). Fortsetzung des Ueberschwunges wie vorstehend.

    b. Kehre über den Kasten (siehe §. 15. 2.).

3. **Hocke.**

    a. als Vorübung: Stützschlußsprung in den Stand auf den Kasten, aus Stand und mit Anlauf.

Absprung und Stütz mit den Händen unter kräftigem Anhocken der Beine und Gesäßheben, so daß die Füße den Stand auf dem Kasten gewinnen können. Hände rechtzeitig los. Aufrichten des Körpers in gerade Haltung. Mit Schluß- oder Schrittsprung vorwärts ab (siehe §. 5. sub 3. resp. 6.).

---

*) Die Wende und Kehre können später auch bei Längsstand des Kastens gemacht werden.

b. **Hocke über den Kasten mit Anlauf.**

Energischer Absprung und kurzer Stütz der Hände (auf der Mitte des Geräthes) mit kräftigem Abstoß, sobald die Füße den Kasten passiren. Körper anfangs stark vorgeneigt, doch schon vor dem Niedersprung wieder gestreckt.

§. 18.

Uebungen bei Längsstand des Kastens.

1. **Stützsprung in den Reitsitz vor die Hände, aus Stand und mit Anlauf.**

Sprung in den Stütz unter gleichzeitigem Oeffnen der Beine und Vorschieben des Gesäßes nach vorn, Hände los und Niederfallen in den Reitsitz vor dem Punkte, wo die Hände aufsetzten.

2. **Stützsprung in den Stand auf den Kasten vor die Hände mit Anlauf.**

Die Beine öffnen sich gleich nach erfolgtem Absprung und werden unter Anhocken rechts und links um den Kasten so herumgeführt, daß der Uebende auf dem Kasten in Grundstellung zu stehen kommt und zwar vor dem Punkte, wo die Hände aufsetzten.

Mit Seitsprung ab (siehe §. 5. 5.).

3. **Längssprung mit Anlauf.**

  a. **als Vorübung: Längssprung auf den Kasten.**

Absprung mit starkem Vorneigen des Oberkörpers, welcher im Niederfallen durch die möglichst weit vorn sich aufstützenden Hände und durch die Fußspitzen aufgefangen wird. Körper vollständig gestreckt. Kurzes Verweilen in dieser Lage, dann durch Abstoß der Beine, welche sich öffnen, und scharfen Druck der Arme Niedersprung vor dem Kasten.

b. **Längsprung über den Kasten.**

Fig. 29.

Energischer Anlauf und Absprung. Die weit vorn sich aufstützenden Hände drücken, während sich der Körper in der Höhe des Sprunges mit noch geschlossenen Beinen in fast wagerechter Lage befindet, sich kräftig ab, wobei unter Spreizen der Beine der Niedersprung (natürlich mit wieder geschlossenen Fersen) erfolgt.

E. Voltigirübungen.

Die Voltigirübungen finden sowohl am **Voltigirbock** als am **lebenden Pferde** statt.

Der Voltigirbock ist beim Unterrichtsbetrieb für gewöhnlich so hoch zu stellen, daß der obere Rand der Pauschen in Brustwarzenhöhe liegt, und nur für die gewandteren Leute allmälig höher. Bei Querstand des Bockes werden die Uebungen theils mit Pauschen, theils ohne dieselben ausgeführt. Das Erfassen der Pauschen muß mit vollem, festen Griff geschehen, derartig, daß der Daumen auf der Innenseite, die übrigen geschlossenen Finger auf der Außenseite der Pauschen zu liegen kommen.

Nur bei einigen Uebungen aus dem Reitsitz, z. B. Beinschwingen rückwärts, Scheere rückwärts ꝛc., greift der Daumen über den oberen Rand der Pauschen herum nach außen und die übrigen Finger nach innen. Bei Längsstand sind die Uebungen in der Regel ohne Pauschen zu machen.

§. 19.

Uebungen am Voltigirbock bei Querstand.

1. Schlußsprung in den Stütz, aus Stand und mit Anlauf (Fig. 30. a.), [siehe §. 13. 1.].

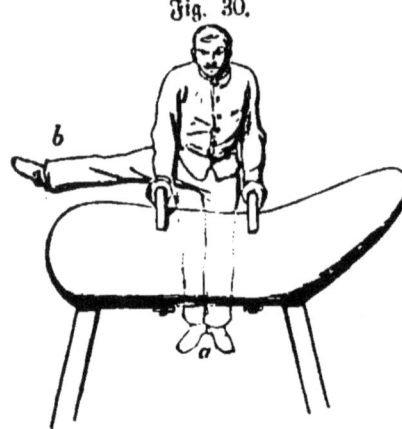

Fig. 30.

2. Beinheben seitwärts aus Stütz (Fig. 30. b.), [siehe §. 13. 3.].

3. Schlußsprung in den Stütz mit Gesäßheben, aus Stand und mit Anlauf (siehe §. 13. 5.).

  a. mit ganzer Spreize;

b. mit Anhocken der Beine.

4. Wuchten und Rückwärtsabschnellen aus Stütz (siehe §. 13. sub 9. und 10.).

5. Knieaufsprung aus Stand und mit Anlauf. — Knieabsprung.

Fig. 31.

Durch Sprung in den Stütz mit Anhocken der Beine werden unter mäßigem Vorneigen des Oberkörpers die Unterschenkel mit den Schienbeinen leicht auf die Sattelfläche aufgelegt. Hände los, Oberkörper gerade Haltung (Kniestand) [Fig. 31.].

Der Absprung erfolgt entweder nach rückwärts unter Handstütz, oder nach vorwärts, indem sich der Uebende durch Schwung mit den Armen aus dem Kniestand empor und in den freien Stand nach vorn abschnellt. Fersen bleiben geschlossen.

6. **Stützschlußsprung in den Stand auf den Bock, aus Stand und mit Anlauf** (siehe §. 17. 3. a.).

7. **Einnehmen des Reitsitzes aus Stütz.**
    a. mit festen Händen (auf Kruppe oder Hals), [siehe §. 13. 6. a.].
    b. mit Vorsetzen der gleichzeitigen Hand.

Fig. 32.

Die rechte (linke) Hand verläßt die Pausche und legt sich flach auf den Sattel mit der Daumenseite hart neben die linke (rechte) Pausche. Nun lebhaftes Seitwärtsheben des rechten (linken) Beines, Hinüberführen desselben über den Bock unter Drehung der Schultern in die Querrichtung zum Geräth. Niedersetzen, Hände los. — Analog ab.

8. **Spreizaufsitzen aus Stütz mit Lüften der gleichseitigen Hand (Halbkreisen)**, [siehe §. 13. 6. b.].

9. **Umkreisen aus Stütz.**
Das unter Lüften der gleichseitigen Hand über den Bock geschwungene rechte (linke) Bein (siehe vorige Uebung) wird nicht auf demselben Wege zurückgeführt, sondern setzt den Kreis nach links (rechts) bis zu seiner ursprünglichen Lage neben dem linken (rechten) Bein fort. Die linke (rechte) Hand lüftet sich, um dem Bein Platz zu machen. Das umkreisende Bein muß gestreckt bleiben.

10. **Beinschwingen aus Reitsitz und Seitwärtsabschwingen.**
Die Hände stützen sich beim Rückwärtsschwingen auf die vordere Pausche (Daumen nach außen), beim Vorwärtsschwingen auf die hintere Pausche (Daumen nach innen) und heben den Körper etwas aus dem Sitz empor.

Sodann unter leichtem Beugen und Strecken der Arme kräftiges Schwingen der gestreckten Beine, mindestens bis in die wagerechte Lage. Ueber dem Bock schließen sich die Beine, öffnen sich aber wieder beim Hinunterfallen in den Reitsitz.

Abschwung erfolgt zur Seite des Bockes hart neben der stehenbleibenden Hand nach Analogie der Wende, resp. Kehre.

11. **Scheere rückwärts, vorwärts** (Anfangs mit 1 Pausche, später mit beiden).

Während die Beine (siehe vorige Uebung) nach rückwärts, resp. vorwärts schwingen, kreuzen sich dieselben in der Höhe des Schwunges unter Drehung des Oberkörpers in die Kehr-, resp. Wendlage, so daß der Uebende mit entgegengesetzter Front in den Reitsitz zurückfällt. Hände lassen eine nach der andern die Pausche los. Beine bleiben gestreckt.

12. **Wendsprung in den Reitsitz, aus Stand und mit Anlauf** (Vorübung zur Wende).

Entsprechend der Uebung §. 17. 1. a., nur daß die Beine sich über dem Bock zum Reitsitz, öffnen und der Körper in diesen herunterfällt. Abschwung wie bei Uebung 10.

Fig. 33.

13. **Wende aus Stand und mit Anlauf** (siehe §. 15. 1.).

14. **Kehrsprung in den Reitsitz, aus Stand und mit Anlauf** (Vorübung zur Kehre).

Vergleiche §. 17. 2. a. Die Beine öffnen sich jedoch über dem Geräth zum Reitsitz, in welchen der Körper herunterfällt. Abschwung wie bei Uebung 10.

40

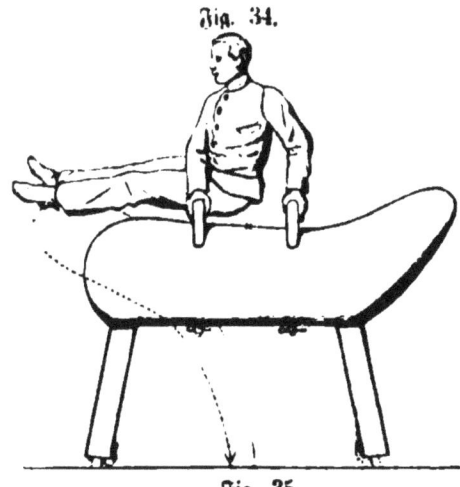

Fig. 34.

15. Kehre aus Stand und mit Anlauf (siehe §. 15. 2.).

16. Hocke mit Anlauf (siehe §. 17. 3. b.).

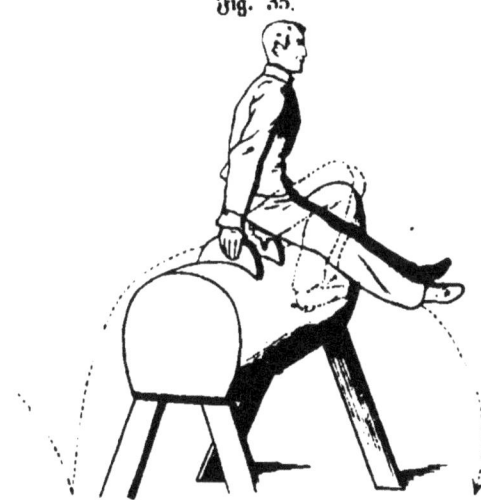

Fig. 35.

17. Hocke bei feststehenden Händen, aus Stand und mit Anlauf.

Wie die vorige Uebung, nur daß die Hände im Stütz verbleiben, während die Beine zwischen ihnen durchhocken und erst, nachdem dies geschehen, den Körper in den freien Stand vor den Bock abschnellen. Beine strecken sich vor dem Niedersprung.

§. 20.

Uebungen am Voltigirbock bei Längsstand.

1. Stützsprung in den Reitsitz vor die Hände auf Kruppe aus Stand (siehe §. 18. 1.).

2. Beinschwingen aus Reitsitz und Rückwärtsabschwingen.

Hände stützen sich auf und heben den Körper etwas aus dem Sitz empor. Nun Rückwärtsschwingen der Beine (siehe §. 19. 10.). Der Abschwung in den Stand erfolgt unter Druck der Arme in dem Moment nach rückwärts, wo sich die Beine mit geschlossenen Fersen in der Höhe des Schwunges befinden.

3. **Stützsprung in den Reitsitz vor die Hände auf Sattel, resp. Hals mit Anlauf.** Ausführung siehe §. 18. 1.

Ab entweder durch einfaches Absitzen, oder durch Seitwärtsabschwingen (siehe §. 19. 10.), oder beim Sprung bis auf den Hals durch Vorwärtsabschwingen, wobei die Hände sich vorn aufstützen und durch kräftigen Druck nach rückwärts den Körper über den Hals hinweg in den freien Stand abschnellen.

4. **Stützsprung in den Reitsitz hinter die Hände auf Sattel, resp. Hals mit Anlauf** (Vorübung zum Längssprung).

Analog der Uebung §. 18. 3. a., nur daß die Beine, welche möglichst lange geschlossen bleiben müssen, sich über dem Bock zum Reitsitz öffnen und dieser hinter dem Punkte eingenommen wird, wo die Hände aufsetzten.

5. **Sitzwechsel aus Reitsitz in den Halbquersitz und umgekehrt** (siehe §. 13. 7. a.).

6. **Sitzwechsel aus Halbquersitz rechts in Halbquersitz links und umgekehrt** (siehe §. 13. 7. b.).

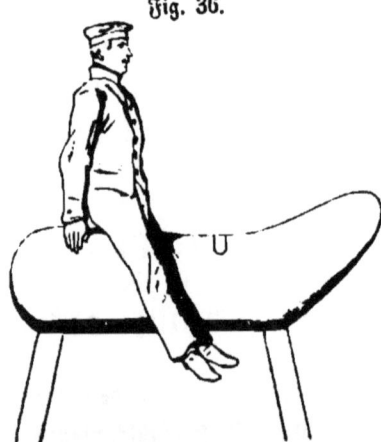

Fig. 36.

7. **Stützsprung in den Halbquersitz auf Kruppe, aus Stand und mit Anlauf** (1ste Vorübung zur Kehre).

Die Beine werden nach dem Absprung unter Lüften der gleichseitigen Hand mit geschlossenen Fersen rechts oder links herum nach der betreffenden Seite des Bockes geführt. Schultern bleiben genau in der Querrichtung zum Geräth.

8. **Kehrsprung in den Reitsitz auf Kruppe, resp. Sattel oder Hals mit Anlauf** (2te Vorübung zur Kehre).

Die Beine werden unter kräftigem Druck der Arme wie bei der vorigen Uebung um den Bock herum und bis in die wagerechte Lage über denselben geschwungen, wo sie sich kurz öffnen, damit der Körper in den Reitsitz herabfallen kann.

9. **Kehre mit Anlauf.**

Der Körper wird analog der vorigen Uebung mit geschlossenen und gestreckten Beinen, ohne daß das Gesäß die Kruppe berühren darf, vollständig über den Bock hinweg bis in den freien Stand zur Seite desselben geschwungen. Schulterstellung bleibt genau die ursprüngliche, mithin beim Niedersprung Front nach vorn.

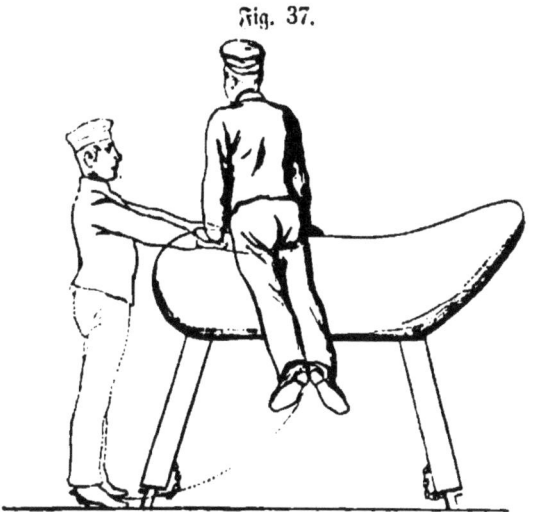

Fig. 37.

10. **Schlußsprung in den Seitstütz, aus Stand und mit Anlauf** (1ste Vorübung zur Wende).

Die Beine werden beim Emporsprung mit Schwung nach der rechten oder linken Seite des Bockes geführt, während der Oberkörper sich gleichzeitig auf den Händen so wendet, daß er sich im Seitstütz befindet.

11. **Wendsprung in den Reitsitz mit Anlauf** (2te Vorübung zur Wende).

Die Uebung beginnt wie die vorige; die Beine werden

jedoch unter Drehung des Oberkörpers in die entgegengesetzte Front bis über den Bock geschwungen, wo sie sich zum Reitsitz öffnen.

12. **Wende mit Anlauf.**

Man schwingt den Körper der vorigen Uebung entsprechend über den Bock hinweg in den freien Stand zur Seite desselben. Beim Niedersprung Front nach hinten.

13. **Stützsprung in den Stand vor die Hände auf Sattel, resp. Hals mit Anlauf** (siehe §. 18. 2.).

Fig. 38.

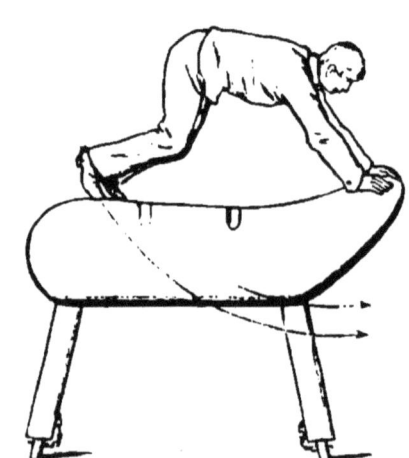

14. **Stützschlußsprung in den Hockstand auf Kruppe und Vorwärtsabspringen in den freien Stand, mit Anlauf.**

Analog der Uebung §. 17. 3. a. Der Uebende richtet sich aber nicht auf, sondern neigt den Oberkörper nach vorn, stützt die Hände auf den Hals, und schnellt sich durch Druck derselben und Abstoß mit den Füßen unter Spreizen der Beine über den Bock hinweg in den freien Stand.

15. **Längssprung mit Anlauf** (siehe §. 18. 3. b.).
Mit den gewandteren Leuten zu üben.

§. 21.

Die Voltigirübungen am lebenden Pferde bei ruhiger Stellung desselben entsprechen im Allgemeinen den vorstehend besprochenen, jedoch hat man eine geeignete Auswahl zu treffen, da der Bau des Pferdes manche Uebungen sehr erschwert, andere ganz verbietet.

<small>Uebungen am lebenden Pferde.</small>

In der Bewegung des Pferdes (Galopp-Voltige) dient dem Uebenden als Hauptanhalt ein Gurt mit zwei daran befestigten 6″ spannenden, 1 bis 1½′ von einander entfernten Lederbügeln (Halter). Der Gurt muß dem Pferde so umgeschnallt werden, daß die Halter auf dem Rücken desselben in gleichem Abstand von der Wirbelsäule liegen.

Fig. 39.

Der Uebende stellt sich Front nach vorn dicht an die linke Seite des Pferdes, ergreift mit beiden Händen die Halter, setzt sich dann mit dem Pferde in gleiche Gangart (Linksgalopp) und springt, nachdem er etwa die halbe Bahn durchlaufen, neben den Vorderfüßen des Pferdes nieder und mit Wendsprung in den Reitsitz.

Beim Abspringen schwingt er zunächst das rechte Bein unter den gelüfteten Händen weg an die linke Seite des Pferdes.

Will man sich auf das Pferd schwingen, während dasselbe über eine Barriere setzt, so springt man einige Schritte vor letzterer ab und gelangt dann in der Regel in den Sitz, wenn das Pferd jenseits der Barriere mit den Vorderfüßen den Boden berührt.

In ähnlicher Weise schwingt man sich über den Rücken des Pferdes hinweg in den Halbquersitz rechts auf dasselbe.

Sprünge in den Reitsitz und Ueberschwünge in den Halbquersitz bilden das Uebungspensum der Voltige.

———

Anhang.

Beschreibung der Gerüste und Geräthe.

1. Balancirbaum.

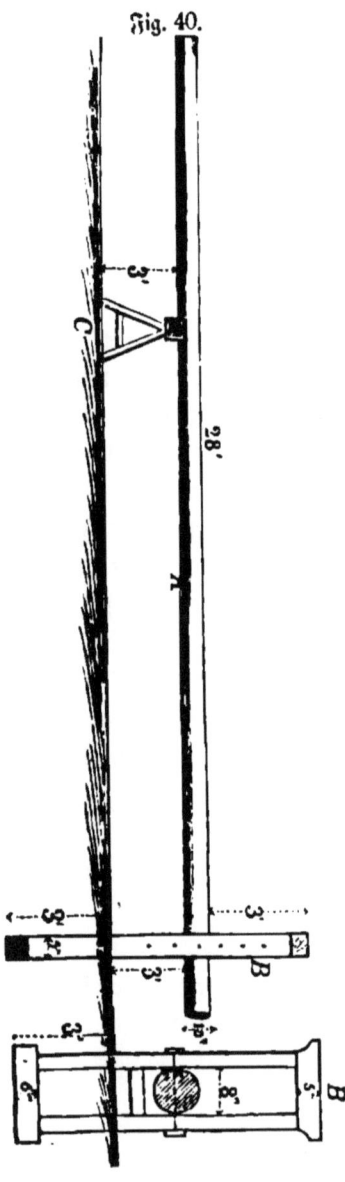

Fig. 40.

Der Balancirbaum ist ein circa 28 Fuß langer Baum A. von ovaler Form und etwas rauher Oberfläche; am dicken Ende von 9—10 Zoll lothrechtem und 6—8 Zoll Querdurchmesser, am anderen Ende etwa halb so stark. Er wird mit dem dicken Ende zwischen zwei völlig feststehenden Ständern B. durch einen starken eisernen Bolzen befestigt und findet den zweiten Unterstützungspunkt auf einem transportablen Bock C. von ungefähr 3 Fuß Höhe.

2. Querbaum.
Fig. 41.

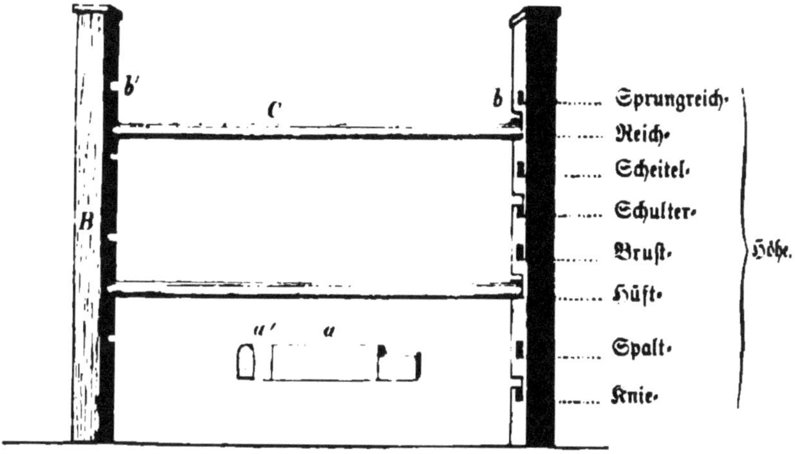

```
........ Sprungreich.
........ Reich.
........ Scheitel.
........ Schulter.
........ Brust.     } Höhe.
........ Hüft.
........ Spalt.
........ Knie.
```

Derselbe besteht aus einem glatt gehobelten 10—12 Fuß langen Holz- stück C. von zäher, fester Holzart, welches im Querdurchschnitt a'. 3½—4 Zoll hoch und 2½ Zoll dick ist. Die obere Fläche ist abgerundet, die untere flach mit abgerundeten Kanten. An jedem Ende a. ist ein 2—2½ Zoll langer und fast ebenso hoher Zapfen eingeschnitten. Dieser Querbaum wird zwischen zwei mit Zapfenlöchern versehenen starken Ständern B. B. an- gebracht, welche 8—9 Fuß hoch über dem Erdboden stehen. Die korre- spondirenden Zapfenlöcher sind abwechselnd so eingerichtet, wie es sich in b. b'. zeigt, und werden in solcher Höhe ausgestemmt, daß der Baum sich auf Knie-, Spalt-, Hüft-, Brust-, Schulter- und Scheitelhöhe, sowie in Reich- und Sprungreichhöhe einlegen läßt. Das Herausspringen des Baumes wird durch einen Holzkeil verhindert, welcher in die Oeffnung b'. geschoben wird und genau in dieselbe paßt.

3. Schnursprunggestell.
Fig. 42.

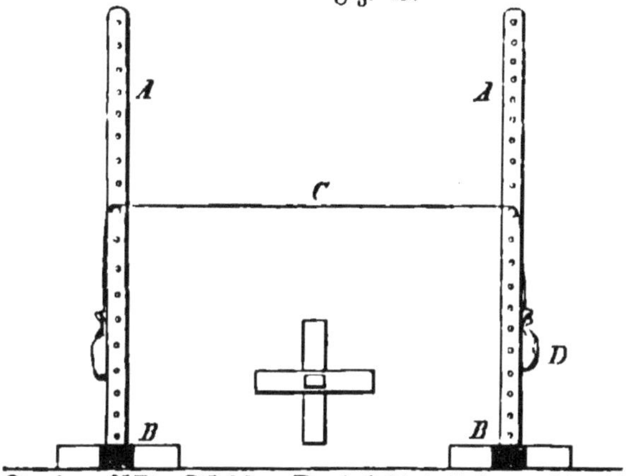

Zwei etwa 6 Fuß hohe Ständer A., 2½ Zoll breit und 2 Zoll dick, auf einem Kreuzfuß B. feststehend, oder in die Erde eingegraben. Von 2 zu 2 Zoll Löcher von ½ Zoll Durchmesser, 6 Zoll lange Pflöcke zum Durchstecken und Tra- gen einer 8—10 Fuß langen, ½ Zoll dicken Schnur C., an deren Enden ein Paar mit Sand gefüllte Säckchen D. befestigt sind, welche die Schnur straff ziehen.

4. Sprungkasten.

Fig. 43.

Ein fest, jedoch nicht zu schwerfällig gebauter Bretterkasten ohne Boden, 4¼ — 5 Fuß lang, 22 Zoll breit, im Ganzen incl. Polsterung 3 Fuß 6 Zoll hoch, aus vier Sätzen zusammengesetzt, welche sich leicht ausheben lassen, aber nicht verschieben dürfen, wenn sie aufeinander gesetzt sind; sie werden daher eingefugt und in den Ecken jedes einzelnen Satzes starke Lattenstücke befestigt, welche circa 3 Zoll überstehen und in die Ecken des nächst oberen Satzes hinein passen. Nur der oberste Satz erhält eine Bretterdecke, die mit einer Polsterung nebst Ueberzug von Leder oder Drillich versehen ist. Um dem Kasten mehr Halt zu geben, sind am untersten Satz an Stelle des Bodens zwei 1 Zoll starke, 2 Fuß 6 Zoll lange und 4 Zoll breite Bretter in der Nähe der Kanten so angebracht, daß sie an den langen Seiten um 4 Zoll nach außen überstehen. An den kurzen Wänden der Sätze befinden sich handbreite Ausschnitte zum Einfassen mit den Händen, wenn der Kasten fortgetragen, oder die oberen Sätze abgehoben werden sollen.

5. Voltigirbock.

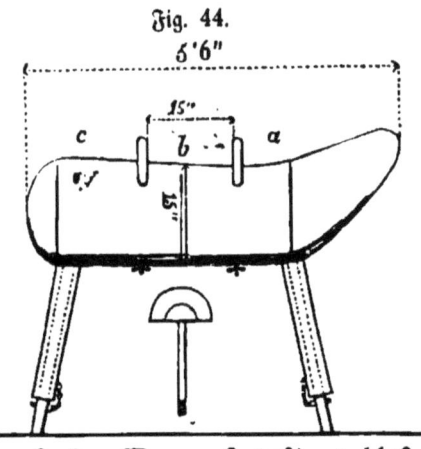

Fig. 44.

Ist ein aus 2zölligen Brettern zusammengefügter Kasten, der von vier schräg nach außen stehenden, zum Höherstellen eingerichteten Beinen (Schiebefüßen) getragen wird. Dem Kasten ist ein festes, mit Drillich oder Leder überzogenes Polster von Seegras oder Werg aufgepaßt, welches mit Nägeln unten befestigt wird. Das Polster hat an den beiden Enden des Kastens eine Dicke von 2½ Zoll, an seiner seitlichen und oberen Fläche von 2 Zoll. Man unterscheidet an der oberen

Fläche des Kastens a. den Hals am Vordertheil, b. den Sattel, b. b. den Mitteltheil zwischen den Pauschen, und c. die Kruppe am Hintertheil. Die Pauschen, zwei überpolsterte, griffrechte Wülste von Holz und mit Leder überzogen, stehen über der Sattelfläche etwa 4 Zoll hoch hervor. Mit ihrem unteren Theil sind sie ungefähr 3 Zoll tief in zwei Einschnitte des Rückens eingesenkt und außerdem durch einen starken eisernen Stift, welcher durch den Körper des Bockes hindurchgeht und unten mit einem Schraubengewinde versehen ist, befestigt. Die Einschnitte werden, wenn man die Pauschen herausnimmt, durch feste, flache Wülste so ausgefüllt, daß Hals, Sattel und Kruppe eine zusammenhängende Fläche bilden.

Für den Uebungsplatz eines Regiments sind an Gerüsten und Geräthen mindestens erforderlich:

1 Balancirbaum	7 Rthlr.,
2 Querbäume à 6 Rthlr.	12 „
5 Schnursprunggestelle à 1½ Rthlr	7½ „
2 Sprungkasten à 6 Rthlr.	12 „
2 Voltigirböcke à 15 Rthlr.	30 „
Summa.....	68½ Rthlr.

Für 1 resp. 2 detachirte Eskadrons:

1 Balancirbaum,
1 Querbaum,
1—2 Schnursprunggestelle,
1 Sprungkasten,
1 Voltigirbock.

Berlin, den 1. April 1869.

Der Kriegs- und Marine-Minister.
von Roon.